SOCIÉTÉ ANONYME

DE L'IMPRIMERIE GÉNÉRALE

9, rue de Fleurus, 9

PARIS

—

L. LAHURE, Directeur

—

JOURNAL POUR TOUS

Paris, le 15 juillet 1870.

MONSIEUR ET CHER CONFRÈRE,

A partir de lundi prochain, 18 juillet, nous publierons la **Guerre de Prusse** illustrée en livraisons à 10 centimes.

Il paraîtra 2 livraisons par semaine, le lundi et le jeudi. Dans le cas où les événements l'exigeraient, nous en ferions paraître davantage.

Chaque livraison sera de 8 pages in-4°.

Persuadés que cette publication répond au sentiment national, nous vous prions d'adresser vos demandes à vos commissionnaires pour pouvoir vous fournir en temps utile.

Agréez. Monsieur. nos sincères civilités,

L. LAHURE,

SOCIÉTÉ ANONYME

DE L'IMPRIMERIE GÉNÉRALE

9, rue de Fleurus, 9

PARIS

—

L. LAHURE, Directeur

—

JOURNAL POUR TOUS

MONSIEUR ET CHER CONFRÈRE,

J'ai l'honneur de vous prier d'insérer la note suivante dans votre prochain numéro, et en échange nous nous ferons un plaisir de vous envoyer notre nouvelle publication.

Veuillez agréer, Monsieur et cher Confrère, nos sincères civilités,

L. LAHURE.

A partir de mardi prochain, 19 juillet, l'imprimerie LAHURE publiera la **Guerre de Prusse** illustrée, en livraisons à 10 centimes.

Il paraîtra 2 livraisons par semaine, le lundi et le jeudi. Dans le cas où les événements l'exigeraient, il paraîtrait des livraisons supplémentaires.

Chaque livraison sera de 8 pages in-4°.

EN VENTE ICI

LA

GUERRE DE PRUSSE

ILLUSTRÉE

10 centimes la livraison de 8 pages in-4

ORNÉE DE NOMBREUSES GRAVURES

Imprimerie générale, Lahure, 9, rue de Fleurus — Et chez tous les Libraires

Imprimerie générale. — Lahure, rue de Fleurus, 9, à Paris.

EN VENTE ICI

LA
GUERRE DE PRUSSE
ILLUSTRÉE

10 centimes la livraison de 8 pages in-4

ORNÉE DE NOMBREUSES GRAVURES

Imprimerie générale, Lahure, 9, rue de Fleurus — Et chez tous les libraires

MARDI 19 JUILLET PARAITRA

en livraisons à 10 centimes

LA

GUERRE DE PRUSSE

ILLUSTRÉE

Deux Livraisons par semaine

LES MARDI ET VENDREDI

10 centimes la livraison de 8 pages in-4°

ORNÉE DE NOMBREUSES GRAVURES

Publiée par l'Imprimerie générale — Lahure, 9, rue de Fleurus

LE JOURNAL
LA GUERRE DE PRUSSE

fera paraître dimanche prochain une

CARTE COLORIÉE

DU THÉATRE DE LA GUERRE

PARIS A BERLIN

Prix : 25 centimes

ADRESSER LES DEMANDES A M. LAHURE

IMPRIMERIE GÉNÉRALE, RUE DE FLEURUS, 9, A PARIS.

LA

GUERRE DE PRUSSE

ILLUSTRÉE

Manifestations à Paris.

A NOS LECTEURS

Une grande guerre commence. La puissance des deux nations engagées, leur rivalité séculaire, leur réputation militaire, les armements qu'elles ont préparés depuis longtemps, tout fait présager que la lutte sera vive; et les progrès de la science moderne, appliqués, comme on ne l'avait pas encore vu, aux moyens d'attaque et de défense, annoncent qu'elle sera terrible. Le monde a déjà eu le spectacle de chocs gigantesques entre les nations. Il est douteux qu'il en ait eu de plus émouvant que celui de deux peuples, les premiers entre les peuples civilisés, l'un jeune mais trop orgueilleux, l'autre déjà bien vieux mais qui ne le paraît pas, se heurtant violemment et mettant en œuvre, pour se combattre, toutes les ressources qu'a pu leur fournir le développement merveilleux d'une industrie et d'une science sans égales.

Nous voulons écrire cette page d'histoire qui sans doute sera sanglante, mais aussi sera glorieuse. Croyons-le bien, ce n'est pas la lutte matérielle, le choc des bataillons qui fait la gloire; c'en est là au contraire le côté triste et lamentable. La gloire vient de la supériorité d'intelligence que montre un peuple dans le conflit et du courage avec lequel il affronte tous les dangers, il supporte toutes les épreuves. Le courage et l'intelligence, ces qualités, je le crois, sont loin de manquer à nos soldats et nous donnent bon espoir.

En ces jours où tous les regards sont tournés vers la frontière, où toutes les âmes sont tendues vers notre armée, où tous les cœurs battent à la fois d'un généreux patriotisme et d'une inquiétude bien légitime pour nos parents et nos amis qui vont combattre, nous avons pensé qu'un journal de la guerre serait bien accueilli. Non que la diffusion des nouvelles laisse quelque chose à désirer, en ce temps où les journaux se multiplient, mais les nouvelles du journal quotidien, c'est le chaos. Deux fois par semaine donc, nous donnerons un résumé des opérations militaires et nous ne négligerons rien pour rendre nos récits clairs et méthodiques. Nos lecteurs pourront ainsi suivre régulièrement et avec précision les mouvements de nos corps d'armée. Ici surtout la clarté sera nécessaire. La guerre se fera sur un vaste théâtre et un théâtre varié. Elle sera à la fois continentale et maritime. Mêlant donc, avec mesure, la géographie au récit, les souvenirs de l'histoire aux faits actuels, recueillant toutes les particularités intéressantes et émouvantes; assurés de recevoir des correspondances soigneusement faites, nous préoccupant de la fidélité des dessins autant que de l'exactitude des renseignements, nous ferons en sorte que ce journal devienne un livre, le tableau complet, animé, pittoresque de la guerre.

Ce sera le livre d'or de notre brave armée, et nous le lui dédions, certains qu'elle va le remplir de grands noms, de faits héroïques et de grandes victoires !

PARIS AVANT LA GUERRE

LES SOIRÉES DES 14 ET 15 JUILLET

Non ! jamais on n'avait vu enthousiasme pareil la veille d'une guerre dont personne ne se dissimule ni la gravité ni les périls. Le départ de l'Empereur pour la campagne d'Italie n'avait été qu'une émotion d'un instant et d'une partie de la capitale. Mais depuis que la possibilité d'une guerre avec la Prusse a été connue, l'émotion n'a fait que grandir jusqu'au jour où l'arrogance du roi Guillaume a rendu cette guerre inévitable.

Certes le boulevard a eu de belles journées, comme il en a eu de néfastes. Il n'en a peut-être pas eu de plus originales et de plus caractéristiques que celles des 14 et 15 juillet 1870. On s'étonne que le boulevard soit le théâtre des manifestations populaires, lorsque tant de voies nouvelles et magnifiques s'ouvrent à la foule et au bruit. Rien de plus simple cependant. Le boulevard est le vrai centre géographique de Paris, que la Seine divise en deux parties trop inégales. Et y a-t-il au monde une voie plus belle que cette ligne brisée, accidentée, qui s'étend de la Madeleine à la Bastille, reflétant dans ses diverses sections le caractère des différents quartiers qu'elle traverse, établissant entre eux un lien ininterrompu; encadrée de riches magasins et de brillants cafés, large, plantée de beaux arbres, variée, tantôt montant légèrement et tantôt descendant; allant, enfin, d'une église qui fut le temple de la gloire à la colonne de la liberté?

Si large qu'il fût, le boulevard ne pouvait, le soir du jeudi 14 juillet, où l'on pressentait la guerre, et le soir du 15, où on la savait déclarée, contenir la foule houleuse qui se pressait sur les trottoirs, les files de voitures qui encombraient la chaussée et les bandes qui manifestaient. Une belle soirée d'été, des étoiles plein le ciel et de nobles sentiments éclatant en mille cris divers dans une foule enthousiaste, et cela tout le long de la plus belle, de la plus splendide voie de l'univers, que c'était grandiose! Partout des groupes animés et discutant les chances de succès; les kiosques de journaux envahis, les journaux dévorés; partout l'union et la concorde; les toilettes élégantes à côté du costume de travail; les lanternes et les torches des bandes d'ouvriers, d'employés, d'étudiants; les chants patriotiques, les cris de guerre; et au milieu de tout cela les lazzis, les quolibets, les plaisanteries auxquelles on reconnaît l'inépuisable et incorrigible gaieté française; tout cela vous agitait, vous entraînait, vous remplissait d'un légitime orgueil et d'une noble confiance dans le succès de nos armes.

Les incidents n'ont pas manqué. Tantôt c'est M. Paul de Cassagnac, rédacteur du journal le Pays, un des plus chauds partisans de la guerre, qui est l'objet d'ovations auxquelles il n'était pas habitué, vu le peu de sympathies que lui concilie la violence de sa polémique habituelle. « J'avais besoin de cela, dit-il, pour me faire oublier d'être bonapartiste. » Tantôt c'est une estafette de chasseurs à cheval qu'on entoure aux cris de : « Vive l'armée ! » et qui ne peut se dégager de l'étreinte populaire. Ici, ce sont les cris de : « Vive la mobile ! » qui éclatent sur le passage d'officiers de la garde mobile. Les marins qui traversent Paris pour se rendre aux ports d'embarquement sont surtout acclamés et fêtés. Les bandes se portent, avec leurs drapeaux, au ministère de la justice, devant les fenêtres de M. Ollivier, aux Tuileries; l'une d'elles veut aller à Saint-Cloud et s'engage même sur la route; une autre (et elle avait tort) va manifester rue de Lille, devant l'hôtel de l'ambassade de Prusse; mais on l'en écarte. Partout on n'entend que les chants de la *Marseillaise*, des *Girondins*, les cris : « A Berlin! Vive la guerre! A bas Bismark! » Quelques bandes peu nombreuses, et en grande partie composées de gamins, essayent, par un esprit de contradiction bien propre au caractère français, de crier : « Vive la paix! » sur l'air des lampions. Des sifflets, des huées, les accueillent et on leur répond par les cris de : « Vive la guerre! Vive l'Empereur! »

On le sent, on le voit, la guerre est nationale, et Paris vient d'en donner comme la préface par son émotion patriotique, par son enthousiasme général. On dit qu'il est le cœur de la France. Eh bien! les étrangers ont pu voir comme ce cœur battait fort, et peut être se sont-ils dit déjà ce que toute l'Europe dira tout à l'heure : « C'est encore la grande nation ! »

Dans les cafés-concerts, le grand succès du moment est : *Guerre à la Prusse!* chant patriotique d'Oscar de Poli et de Gaston de Lille — un nom qui sent la *Marseillaise*.

En voici le dernier couplet, qui est le meileur :

> Entendez-les, dans l'ivresse orgueilleuse
> De leurs trop faciles succès,
> Pronostiquer la défaite honteuse
> De notre vieux drapeau français !
> Vous qui mettez pour enjeu de la guerre
> Ce Rhin dont on boit les flots d'or,
> Rappelez-vous qu'il tint dans notre verre,
> Et qu'il y tiendra bien encor !...

LES CAUSES DE LA GUERRE

Une guerre ne provoque pas dans la population une explosion de patriotisme aussi vive que celle dont on vient d'être témoin à Paris, sans avoir des causes profondément justes et nationales.

Il ne faut pas s'arrêter aux prétextes, à l'occasion saisie, à l'insulte faite à notre ambassadeur, qui n'est qu'une circonstance aggravante. Une chose est certaine. Un roi ne se détermine pas à un mauvais procédé envers le représentant d'une nation voisine, avec lequel il entretient d'ordinaire les relations les plus courtoises, sans être décidé, pour un intérêt sérieux, à faire la guerre. Le roi Guillaume invitait à sa table M. Benedetti le 9 juillet; le 14, il lui faisait dire, contre toutes les convenances, par un aide de camp, qu'il ne le recevrait plus pour traiter de l'affaire en suspens, et, ce qui est plus grave, télégraphiait à l'Europe ce refus d'écouter notre ambassadeur. C'était rendre l'injure publique et l'aggraver. Le roi Guillaume était donc prêt à la guerre; il la voulait et la voulait depuis longtemps. La France aussi l'appelait depuis 1866, et pourquoi?

D'abord, la Prusse n'a jamais été aimée en France.

Alliée infidèle de notre pays, puis son ennemie acharnée, au siècle dernier, la Prusse, par une politique ambitieuse et perfide, a toujours cherché à s'agrandir à nos dépens. Les Prussiens, pendant la Révolution, ont été les plus insolents et les plus empressés à envahir la France. Il est vrai d'ajouter qu'après avoir rencontré nos soldats à Valmy, ils ont été des plus pressés à la quitter. Napoléon voulut se faire une alliée de la Prusse, la Prusse le trompa. Dans sa colère, il l'écrasa sous les pieds de nos bataillons victorieux et la tint sous sa dépendance la plus étroite jusqu'à ce que, vaincu par le rude hiver de Russie, il vit toute l'Europe se lever contre lui. La Prusse surtout, irritée (et elle en avait le droit), poussa vivement les alliés à envahir la France. Elle avait profité de ses malheurs pour se retremper, se fortifier. Son organisation militaire s'était modifiée : le service militaire avait été rendu obligatoire pour tout le monde; chaque citoyen devait passer quelque temps à l'armée et passait ensuite dans la réserve. La Prusse eut donc une grande quantité d'hommes exercés et disciplinés à jeter sur notre pays.

Nos campagnes de l'Est ont gardé le profond souvenir du passage des alliés, mais surtout des Prussiens, plus furieux et plus insolents que les autres, en 1814 et 1815. Ce souvenir n'est pas effacé. Les grands-pères ont raconté à leurs petits-enfants les scènes douloureuses de ce temps; les petits-enfants aujourd'hui brûlent de les venger.

Là est la cause ancienne, populaire.

Les causes politiques ne sont pas moins justes. La Prusse a, de nos jours, pris une extension considérable. Autrefois elle ne se composait que de plusieurs groupes de pays, séparés entre eux par d'autres États indépendants. Elle a voulu se donner un corps, une unité. Rien de mieux. L'Allemagne était trop morcelée et tout entière sous l'influence de l'Autriche. Nous avons longtemps combattu cet état de choses dangereux pour nous. Mais la Prusse, depuis 1866, a pris la place de l'Autriche qu'elle a vaincue, et c'est elle maintenant qui veut dominer l'Allemagne, avec cette circonstance aggravante que l'Autriche respectait le morcellement du pays et l'indépendance des États, tandis que la Prusse veut unifier sous sa direction et tenir sous sa main tout le pays.

Si encore elle ne voulait que cela, ce serait une question allemande. Nous aurions à demander des garanties contre la formation d'une grande puissance à nos portes et la restitution de nos frontières naturelles, perfidement entr'ouvertes en 1815. Mais nous n'aurions pas le droit d'empêcher les Allemands de se faire Prussiens, si tant est qu'ils le désirent, ce que je ne crois pas. L'Allemand rêve l'unité de la patrie allemande, mais nullement la discipline du militarisme prussien. L'Allemand déteste l'orgueil prussien; naturellement débonnaire, il déteste la morgue et l'insolence des hobereaux prussiens; il la subit quand il n'est pas le plus fort, mais la subira-t-il longtemps?

Il y avait pourtant, dans cette conquête de l'Allemagne, de quoi satisfaire l'ambition de plusieurs rois et d'une foule de ministres prussiens. Elle ne suffit pas au comte de Bismark.

Il a convoité la Hollande, de là est venue l'affaire du Luxembourg en 1867. Il voudrait bien une partie de la Belgique, il voudrait achever de manger le Danemark qu'il a déjà singulièrement écorné. Et la preuve qu'il en voulait à la France, c'est qu'à notre insu, il s'occupait de mettre le prince de Hohenzollern sur le trône d'Espagne. C'était à la fois nous blesser et nous nuire en établissant l'influence prussienne, la discipline prussienne, au delà des Pyrénées; en un mot, chercher à nous envelopper. Je ne parle pas du chemin de fer du Saint-Gothard, qui trahissait encore d'autres ambitions, et la volonté persévérante d'envelopper la France pour l'abaisser. Il n'y réussira pas.

Dame Diplomatie, si cauteleuse, n'a pu empêcher le conflit. La récente victoire de Sadowa enivrait le roi Guillaume; le vieux souvenir de Waterloo nous domine et nous dominera jusqu'à ce qu'il soit effacé par un nouvel Iéna.

DÉCLARATION DE LA GUERRE
LES CHAMBRES.

La date du 15 juillet est désormais historique. Ce jour-

Dame Diplomatie.

là, le défi jeté par la Prusse à la France a été relevé, et fièrement.

Le ministre des affaires étrangères, M. le duc de Gramont, est venu lire au Sénat, à une heure et demie, la déclaration suivante, que M. Émile Ollivier, garde des sceaux, ministre de la justice, lisait à la même heure au Corps législatif :

Messieurs les Sénateurs,

La manière dont le pays a accueilli notre déclaratio

du 6 juillet nous ayant donné la certitude que vous approuviez notre politique et que nous pouvions compter sur votre appui, nous avons aussitôt commencé des négociations avec les puissances étrangères, afin d'obtenir leurs bons offices avec la Prusse pour qu'elle reconnût la légitimité de nos griefs.

Dans ces négociations, nous n'avons rien demandé à l'Espagne, dont nous ne voulions ni éveiller les susceptibilités ni froisser l'indépendance; nous n'avons pas agi auprès du prince de Hohenzollern, que nous considérons comme couvert par le roi; nous avons également refusé de mêler à notre discussion aucune récrimination ou de la faire sortir de l'objet même dans lequel nous l'avions renfermée dès le début.

La plupart des puissances ont été pleines d'empressement à nous répondre, et elles ont, avec plus ou moins de chaleur, admis la justice de notre réclamation.

Le ministère des affaires étrangères prussien nous a opposé une fin de non-recevoir en prétendant qu'il ignorait l'affaire, et que le cabinet de Berlin y était étranger

Guillaume Ier roi de Prusse depuis 1861.

Nous avons dû alors nous adresser au roi lui-même et nous avons donné à notre ambassadeur l'ordre de se rendre à Ems auprès de Sa Majesté.

Tout en reconnaissant qu'il avait autorisé le prince de Hohenzollern à accepter la candidature qui lui avait été offerte, le roi de Prusse a soutenu qu'il était resté étranger aux négociations poursuivies entre le gouvernement espagnol et le prince de Hohenzollern, qu'il n'y était intervenu que comme chef de famille et nullement comme souverain, et qu'il n'avait ni réuni ni consulté le conseil de ses ministres. Sa Majesté à reconnu cependant qu'elle

avait informé le comte de Bismark de ces divers incidents.

Nous ne pouvions considérer ces réponses comme satisfaisantes; nous n'avons pu admettre cette distinction subtile entre le souverain et le chef de famille, et nous avons insisté pour que le roi conseillât et imposât au besoin au prince Léopold une renonciation à sa candidature.

Pendant que nous discutions avec la Prusse le désistement du prince Léopold nous vint du côté d'où nous ne l'attendions pas et nous fut remis le 12 juillet par l'ambassadeur d'Espagne.

Le roi ayant voulu y rester étranger, nous lui demandâmes de s'y associer et de déclarer que si, par un de ces revirements toujours possibles dans un pays sortant d'une révolution, la couronne était de nouveau offerte par l'Espagne au prince Léopold, il ne l'autoriserait plus à l'accepter, afin que le débat pût être considéré comme définitivement clos.

Notre demande était modérée ; les termes mêmes dans lesquels nous l'exprimions ne l'étaient pas moins : « Dites « bien au roi, écrivions-nous au comte Benedetti le « 12 juillet, à minuit, dites bien au roi que nous n'avons « aucune arrière-pensée, que nous ne cherchons pas un « prétexte de guerre, et que nous ne demandons qu'à « résoudre honorablement une difficulté que nous n'avons « pas créée nous-mêmes. »

Le roi consentit à approuver la renonciation du prince Léopold, mais il *refusa* de déclarer qu'il n'autoriserait plus à l'avenir le renouvellement de cette candidature.

« J'ai demandé au roi, nous écrivait M. Benedetti le « 13 juillet, à minuit, de vouloir bien me permettre de « vous annoncer en son nom que si le prince de Hohen- « zollern revenait à son projet, Sa Majesté interposerait « son autorité et y mettrait obstacle.

« Le roi a *absolument refusé* de m'autoriser à vous transmettre une semblable déclaration.

« J'ai vivement insisté, mais sans réussir à modifier les « dispositions de Sa Majesté. Le roi a terminé notre en- « tretien en me disant qu'il ne pouvait ni ne voulait « prendre un pareil engagement, et qu'il devait, pour « cette éventualité comme pour toute autre, se réserver « la faculté de consulter les circonstances. » (Mouvement. — Exclamations.)

Quoique ce refus nous parût injustifiable, notre désir de conserver à l'Europe les bienfaits de la paix était tel, que nous ne rompîmes pas les négociations, et que, malgré votre impatience légitime, craignant qu'une discussion ne les entravât, nous vous avons demandé d'ajourner nos explications jusqu'à aujourd'hui.

Aussi notre surprise a-t-elle été profonde lorsque, hier, nous avons appris que le roi de Prusse avait notifié par un aide de camp à notre ambassadeur qu'il ne le recevrait plus, et que, pour donner à ce refus un caractère non équivoque, son gouvernement l'avait communiqué officiellement aux cabinets d'Europe.

Nous apprenions en même temps que M. le baron de Werther avait reçu l'ordre de prendre un congé, et que des armements s'opéraient en Prusse.

Dans ces circonstances, tenter davantage pour la conciliation eût été un oubli de dignité et une imprudence. Nous n'avons rien négligé pour éviter une guerre, nous allons nous préparer à soutenir celle qu'on nous offre, en laissant à chacun la part de responsabilité qui lui revient. Dès hier, nous avons rappelé nos réserves, et avec votre concours nous allons prendre immédiatement les mesures nécessaires pour sauvegarder les intérêts, la sécurité et l'honneur de la France. »

L'enthousiasme des Chambres a été immense. Au Sénat, il empruntait au caractère de nos honorables, ou mieux de nos vénérables sénateurs, à la gravité et à l'aspect imposant de ces hommes vieillis au service du pays, un caractère tout particulier qui a vivement impressionné le public des tribunes.

Le ministre des affaires étrangères était très-ému. Sa voix, d'abord faible et comme hésitante, s'affermit. A mesure que la lecture du mémorandum s'avance, et que l'orateur comprend au frémissement de l'assemblée qu'il est en parfait accord avec elle, M. de Gramont s'anime ; sa voix devient sonore, son geste énergique, sa tenue de plus en plus fière. Il sent ce qu'il dit et il le dit comme il le sent, c'est-à-dire avec un cœur profondément pa-

triotique. Les sénateurs ne se possèdent plus. Lorsque M. de Gramont parle de l'outrage fait à la France dans la personne de son ambassadeur, l'indignation est à son comble. Ces hommes qu'on pourrait croire, à cause de leur expérience, refroidis et insensibles, bondissent comme des jeunes gens au seul mot de la patrie offensée. Les cris : « La guerre ! Sur le Rhin ! » éclatent de toutes parts, et lorsque M. de Gramont a fini sa lecture, c'est une immense acclamation, un même cri dix fois répété de *vive l'Empereur !* Les tribunes prennent part à cette explosion de patriotisme, et la salle est en proie à un noble délire. M. de Gramont est entouré, félicité pour avoir si bien exprimé les sentiments de tous.

Puis, M. Rouher, du haut de son fauteuil présidentiel, dominant le bruit, prononce ces éloquentes paroles : « Et maintenant, nous nous en remettons à Dieu et à notre courage pour faire triompher l'épée de la France ! »

L'enthousiasme n'a plus de bornes ; il est indescriptible. La séance est levée, et les sénateurs, à leur sortie, sont accueillis par une foule non moins émue que les accompagne des cris de : « Vive l'Empereur ! vive la guerre ! vive le Sénat ! » Ç'a été une belle journée pour le Sénat…. et pour la France !

Au Corps législatif, même délire ; moins de gravité cependant. Ce ne sont plus les mêmes hommes, mais c'est le même sentiment. Les passions y sont plus vives, les paroles moins mesurées. L'opposition veut parler, la majorité veut étouffer ses paroles tout au moins inopportunes. Dans ces moments-là, en présence d'un courant irrésistible, il n'y a point de place pour la raison. Quand un peuple se tromperait, personne ne le pourrait ramener ; et quand il ne se trompe pas, car le cœur ne trompe guère, en luttant contre lui, on lutte contre le bon sens, et, ce qui est pire, contre la patrie.

Le Corps législatif, dans sa séance de nuit du 14 juillet, vota les quatre projets de loi présentés par le ministère et lui donnant les moyens de faire face aux nécessités de la guerre :

Le premier appelant à l'activité la garde nationale mobile ;

Le deuxième portant que les engagements volontaires, qui affluaient déjà, seraient reçus pour la durée de la guerre ;

Le troisième accordant au ministre de la marine, sur l'exercice de 1870, au delà des crédits ouverts, des crédits montant à la somme de 16 millions ;

Le quatrième accordant au ministre de la guerre un supplément de crédit de 50 millions sur le budget extraordinaire de 1870.

Le Sénat vota les mêmes projets, le samedi 16 juillet, avec un redoublement d'enthousiasme, provoqué par la nouvelle que des troupes prussiennes avaient violé notre territoire.

Ensuite le Sénat, sans s'arrêter aux règles de l'étiquette et du grand uniforme, se rendit au palais de Saint-Cloud pour assurer l'Empereur de son dévouement. L'Empereur reçut les sénateurs à cinq heures et demie.

M. Rouher, président du Sénat, adresse à l'Empereur une allocution et finit en disant :

« Bientôt, la patrie reconnaissante décernera à ses enfants les honneurs du triomphe ; bientôt, l'Allemagne affranchie de la domination qui l'opprime, la paix rendue à l'Europe par la gloire de nos armes, Votre Majesté qui, il y a deux mois, recevait pour Elle et pour sa dynastie une nouvelle force de la volonté nationale, Votre Majesté se dévouera de nouveau à ce grand œuvre d'améliorations et de réformes dont la réalisation, — la France le sait et le génie de l'Empereur le lui garantit, — ne

subira d'autre retard que le temps que vous emploierez
à vaincre. »

L'Empereur répondit :

« Messieurs les Sénateurs, j'ai été heureux d'apprendre
« avec quel vif enthousiasme le Sénat a reçu la déclara-
« tion que le ministre des affaires étrangères a été chargé
« de lui faire. Dans toutes les circonstances où il s'agit
« des grands intérêts et de l'honneur de la France, je
« suis sûr de trouver dans le Sénat un appui énergique.
« Nous commençons une lutte sérieuse. La France a
« besoin du concours de tous ses enfants. Je suis bien
« aise que le premier cri patriotique soit parti du Sénat ;
« il aura dans le pays un grand retentissement. »

DÉPART DES TROUPES

Si l'émotion de Paris était bruyante le 14 et le 15 juillet, elle était plus grave le 16. Les troupes partaient. De
tous les forts environnant Paris, de toutes les casernes
sortaient des bataillons en tenue de campagne, le sac au
dos, et quel sac ! contenant des effets d'habillement, de
campement, les ustensiles de cuisine, et, par-dessus, le
pain de munition. Cette charge, nos soldats la portaient
gaiement et en chantant. Paris présentait une physio-
nomie extraordinaire, surtout aux environs des gares du
Nord et de l'Est. C'était une activité fébrile. Les fourgons, les ordonnances, les bataillons, se succédaient ra-
pidement. Les élèves de Saint-Cyr semblaient avoir pris
possession du pavé de Paris. La première division a reçu
ses épaulettes. Les élèves sont répartis dans les régiments
comme sous-lieutenants. La place nous manque pour re-
produire les mille scènes variées, comiques ou touchantes
gaies ou tristes, qui se succédaient au milieu du bruit
confus de la foule. Nous empruntons au *Figaro* le récit
d'un départ de régiments qui donnera une idée vraie des
mille incidents de la journée de samedi :

« Les parents et les amis viennent donner une dernière
accolade, une dernière poignée de main.

On fait l'appel — tout le monde répond : « Présent »

On charge les sacs sur les épaules..., on prend le fu-
sil.... En avant ! marche !...

Ils traversent Paris, le 95e régiment en tête, et arrivent
au chemin de fer de l'Est à trois heures précises.

Longue ovation sur tout le parcours.

« Vive le 95e ! vive la ligne ! »

Toutes les têtes se découvrent, les chapeaux s'agitent.
Les officiers répondent à ces vivats en saluant avec
l'épée.

On presse les mains, on embrasse tous ces vaillants
cœurs.

Quelques-uns pleurent ! — D'autres rient.

Le 81e défile à son tour.

La musique du régiment joue la *Marseillaise*.

Même ovation, mêmes embrassades, mêmes cris :
« Vive le 81e ! »

Alors arrivent des jeunes gens de l'École de Saint-
Cyr. Ils embrassent les vieux et les jeunes soldats et leur
disent :

« A bientôt, camarades, notre place est à côté de
vous ; dans quinze jours au plus tard, nous serons dans
vos rangs. »

La foule applaudit, les rangs des soldats sont rompus.
— Les officiers à moustaches grises donnent fraternelle-
ment le baiser du frère aux figures imberbes !

On sent les larmes au bord des paupières.

« Vive la ligne !
— Vive Saint-Cyr ! »

Les cafés sont proche, les garçons tendent vivement
les bocks, on n'a pas le temps d'essuyer sa moustache....
On entre dans l'embarcadère....

Puis arrivent des fourgons emplis de munitions, de
sacs, des fusils, de provisions de toute espèce. Une
douzaine de ces voitures sont conduites par les cavaliers
du train des équipages. Dans la sixième se trouve la can-
tinière du 95e, sur la poitrine de laquelle brille la médaille
du Mexique, et dans la septième deux jeunes et jolies
cantinières du 81e.

La foule leur fait une véritable fête. On grimpe sur la
voiture, on leur donne des poignées de mains..., quelques audacieux les embrassent.... Dame !... on est Français ou on ne l'est pas !

Tout passe..., tout disparaît.

C'est alors qu'on aperçoit de pauvres jeunes gens dont
les familles habitent Paris.

Ils sont entourés des leurs. — La vieille mère san-
glote..., le père essuie furtivement une larme..., les
frères et amis consolent. La *Marseillaise* se fait entendre.

La gare ! voilà la gare !

Depuis cinq heures, samedi soir, jusqu'au dimanche
matin six heures, vingt-quatre trains sont partis en destina-
tion de Nancy, Metz, Strasbourg, Mulhouse et Thionville.

Chaque train a emmené 960 soldats, ce qui porte à
23 040 le nombre d'hommes qui ont quitté Paris dans la
journée du 16.

Parmi les soldats de la réserve qui sont rappelés sous
les drapeaux se trouvent 800 cochers de la Compagnie
des petites voitures et 71 conducteurs d'omnibus.

Un régiment, sac au dos, musique en tête, défile, descendant le boulevard Saint-Michel.

On sort des cafés. Les Saints-Cyriens se lèvent et sa-
luent en soulevant leurs képis. Les officiers répondent
par le salut militaire à cet accueil chaleureux.

On crie : « Vive la ligne ! »

« Nous vous rejoindrons dans quatre jours.... crient
les Saint-Cyriens.

— A Berlin !... » répondent les soldats.

Avant de partir, les régiments casernés à Paris ont fait
ce que les soldats appellent leur testament. Tout le matin, des fenêtres de la caserne Napoléon, étaient lancés à
la foule qui stationnait rue de Rivoli et à la place Lobau
les divers menus objets dont les troupes font le nécessaire en garnison, mais qui sont le superflu en campagne.

Des mouchoirs, des savons, des brosses, des martinets,
des lambeaux de cuir et d'étoffes, étaient disputés par
des gamins avec échange des horions à l'appui et au
grand plaisir des soldats.

« Mais s'ils donnent tout, que leur restera-t-il ? dit
naïvement une commère.

— Des cartouches, répondit un ouvrier ; ils n'ont pas
besoin d'autre chose. »

(Le Gaulois.)

Un négociant de la rue Neuve-des-Petits-Champs,
M. Potrel, avait deux employés appartenant à une des
classes de la mobile, qui est appelée aujourd'hui sous les
drapeaux. Il leur a dit avant leur départ : « Vous pouvez
« être sans crainte pour votre avenir. Non-seulement vo-

« tre place vous sera conservée pour votre retour, mais
« vos appointements continueront à vous être servis pen-
« dant votre absence, tout comme si vous étiez pré-
sents. »

Bel exemple à suivre, et qui sera suivi, nous en som-
mes convaincu :

M. Boucicault, directeur du *Bon Marché*, vient de
faire placarder dans les magasins de cet établissement
l'avis suivant :

« Tout employé appelé sous les drapeaux recevra une
paye de 15 fr. par mois. A son retour, il retrouvera sa
place. S'il est estropié, on lui en créera une. »

Les bureaux de recrutement de la rue Saint-Dominique
sont littéralement assiégés par les engagés volontaires.

SOUSCRIPTIONS ET OFFRANDES PATRIOTIQUES

On lit dans *le Gaulois* :

« Les cruelles nécessités de la politique et le légitime
sentiment de l'honneur national obligent la France à demander à la Prusse, les armes à la main, des réparations
et des garanties.

« Mais les joies du triomphe ne s'acquerront pas sans
de dures fatigues et de longues souffrances.

« Pendant la campagne, il y aura des misères et des
privations de toute espèce, quelque admirable que puisse
être notre organisation militaire.

« C'est à ces privations et à ces souffrances supportées
pour sa gloire que la France doit venir en aide.

« Tous les Français apporteront leur quote-part à une
souscription patriotique. *Le Gaulois* lui ouvre ses co-
lonnes et tient à honneur de s'y inscrire le premier.

« EDMOND TARBÉ. »

Le montant de la souscription ouverte par le *Gaulois*
s'élevait déjà, dimanche matin, à 30 573 fr. 75 cent.

L'Empereur a reçu la lettre suivante :

« Sire,

« La France entière espérait le maintien de la paix.

« Les communications faites aujourd'hui aux Chambres
ne permettent plus de conserver cet espoir.

« Dans ces circonstances, Votre Majesté est obligée de
faire appel au patriotisme de la nation.

« Désirant contribuer aux sacrifices que la France est
appelée à s'imposer, je mets à la disposition du trésor
public un don personnel de dix mille francs.

« Je suis, avec le plus profond respect, de Votre Majesté, le très-dévoué serviteur.

« *Le maire de Neuilly-sur-Seine*,

« YBRY. »

La lettre suivante, adressée à Son Exc. M. Baroche,
membre du conseil privé, par M. Thomas, notaire à Paris, a été transmise le 15 juillet à M. le ministre des
finances :

« Paris, le 15 juillet 1870.

« Monsieur le sénateur, entre vos mains j'ai prêté le
serment de fidélité à la patrie, j'ai juré, comme cheva-
lier, puis comme officier de la Légion d'honneur, de me
consacrer tout entier au bien de l'État. Permettez-moi
monsieur le sénateur, d'accomplir aujourd'hui, et avec
avec votre aide, le serment reçu par vous.

« La guerre est déclarée. Je prends l'engagement de
verser dans la caisse de l'État, pour les besoins de l'armée, une somme de 100 fr. par chaque jour que durera
la guerre.

« Je prie Votre Excellence de transmettre mon engagement à qui de droit. Je serais heureux qu'elle daignât
m'accorder cette nouvelle faveur.

« J'ai l'honneur d'être, avec le plus profond respect,
de Votre Excellence le très-humble et bien dévoué serviteur.   THOMAS. »

La lettre suivante a été adressée au ministre des
finances :

« Paris, 15 juillet 1870.

« Monsieur le ministre,

« J'apprends que la guerre est déclarée. Cela étant,
« et en dehors de toutes les mesures qui seront certai-
« nement prises par les pouvoirs publics pour la mener
« à bonne fin, je crois qu'il est du devoir de chacun de
« nous de venir, dans la mesure de ses facultés, en aide
« au Gouvernement. Je vous offre donc, pendant toute
« la durée de la guerre, le doublement de mes contri-
« butions; et je suis prêt à verser immédiatement, dans
« la caisse publique que vous voudrez bien m'indiquer,
« la somme qui représente ce doublement pour le 2ᵉ se-
« mestre de 1870, soit quatorze cents francs.

« Veuillez agréer, monsieur le ministre, les respec-
« tueuses salutations de

« Votre très-dévoué serviteur,

« FÉLIX LEGRAS,
« 70, rue Saint-Lazare. »

PETITE CHRONIQUE

Dans un groupe d'ouvriers, près de la rue de Flan-
dre, on entendait dire : « L'ouvrage ne va pas fort,
mais qu'on nous donne des sacs et des fusils pour la
frontière, et l'on verra si nous nous mettons en grève. »

Aurélien Scholl, dans le *Paris-Journal*, donne sur le
roi de Prusse ce détail piquant :

« Au moment où il venait de décider cette guerre qui
va coûter la vie à tant de milliers d'hommes, il fait
dresser des tables sous les arbres du Kursaal, et il offre
du poulet froid à la gelée de pruneaux à ces fortes nour-
rices qu'il appelle les dames de sa cour !

« Ces Greetchen à falbals s'inondaient de bière et de
liebenfraumlich; elles trempaient leur pain dans la
moutarde et trinquaient à la santé du *Kœnig von Preus-
sen*... »

Devinez comment Panel, Bridoux et Dumanet ont bap-
tisé les cartouches de leurs chassepots ?

Des *berlingots*.

Un étudiant en médecine à un Saint-Cyrien qui par-
tait : « Tu me rapporteras une tête de Prussien ! »

Un officier faisait ses adieux à une famille de ses amis.
On lui souhaitait bon voyage : « Certes, dit-il en un
langage plus militaire encore, je n'ai pas envie de me
faire tuer ; mais si cela arrive, cela m'est égal. » Voilà
de ces mots simples qui peignent l'esprit de notre armée.